TRANZLATY

La Langue est pour tout le Monde

भाषा सभी के लिए है

La Belle et la Bête

सौंदर्य और जानवर

Gabrielle-Suzanne Barbot de Villeneuve

Français / हिंदी

Copyright © 2025 Tranzlaty
All rights reserved
Published by Tranzlaty
ISBN: 978-1-80572-046-1
Original text by Gabrielle-Suzanne Barbot de Villeneuve
La Belle et la Bête
First published in French in 1740
Taken from The Blue Fairy Book (Andrew Lang)
Illustration by Walter Crane
www.tranzlaty.com

Il était une fois un riche marchand
एक बार एक अमीर व्यापारी था
ce riche marchand avait six enfants
इस अमीर व्यापारी के छह बच्चे थे
il avait trois fils et trois filles
उनके तीन बेटे और तीन बेटियां थीं
il n'a épargné aucun coût pour leur éducation
उन्होंने उनकी शिक्षा के लिए कोई खर्च नहीं छोड़ा
parce qu'il était un homme sensé
क्योंकि वह समझदार आदमी था
mais il a donné à ses enfants de nombreux serviteurs
किन्तु उसने अपने बच्चों को बहुत से सेवक दिए
ses filles étaient extrêmement jolies
उनकी बेटियां बेहद सुंदर थीं
et sa plus jeune fille était particulièrement jolie
और उनकी सबसे छोटी बेटी विशेष रूप से सुंदर थी
Déjà enfant, sa beauté était admirée
एक बच्चे के रूप में उसकी सुंदरता पहले से ही प्रशंसा की गई थी
et les gens l'appelaient à cause de sa beauté
और लोग उसे उसकी सुंदरता से बुलाते थे
sa beauté ne s'est pas estompée avec l'âge
उम्र बढ़ने के साथ उसकी सुंदरता फीकी नहीं पड़ी
alors les gens ont continué à l'appeler par sa beauté
इसलिए लोग उसे उसकी सुंदरता से पुकारते रहे
cela a rendu ses sœurs très jalouses
इससे उसकी बहनों को बहुत जलन होती थी
les deux filles aînées avaient beaucoup de fierté
दो बड़ी बेटियों को बहुत गर्व था
leur richesse était la source de leur fierté
उनका धन उनके गौरव का स्रोत था

et ils n'ont pas caché leur fierté non plus
और उन्होंने अपने अभिमान को भी नहीं छिपाया
ils n'ont pas rendu visite aux filles d'autres marchands
वे अन्य व्यापारियों की बेटियों से मिलने नहीं गए
parce qu'ils ne rencontrent que l'aristocratie
क्योंकि वे केवल अभिजात वर्ग से मिलते हैं
ils sortaient tous les jours pour faire la fête
वे हर दिन पार्टियों में जाते थे
bals, pièces de théâtre, concerts, etc.
गेंदों, नाटकों, संगीत कार्यक्रमों, और आगे
et ils se moquèrent de leur plus jeune sœur
और वे अपनी सबसे छोटी बहन पर हँसे
parce qu'elle passait la plupart de son temps à lire
क्योंकि वह अपना अधिकांश समय पढ़ने में बिताती थी
il était bien connu qu'ils étaient riches
यह सर्वविदित था कि वे धनी थे
alors plusieurs marchands éminents ont demandé leur main
इसलिए कई प्रतिष्ठित व्यापारियों ने अपना हाथ मांगा
mais ils ont dit qu'ils n'allaient pas se marier
लेकिन उन्होंने कहा कि वे शादी नहीं करेंगे
mais ils étaient prêts à faire quelques exceptions
लेकिन वे कुछ अपवाद बनाने के लिए तैयार थे
« Peut-être que je pourrais épouser un duc »
"शायद मैं एक ड्यूक से शादी कर सकता हूं"
« Je suppose que je pourrais épouser un comte »
"मुझे लगता है कि मैं एक अर्ल से शादी कर सकता हूं"
Belle a remercié très civilement ceux qui lui ont proposé
ब्यूटी ने बहुत ही सभ्य तरीके से उन लोगों को धन्यवाद दिया जिन्होंने उसे प्रस्ताव दिया
elle leur a dit qu'elle était encore trop jeune pour se marier
उसने उन्हें बताया कि वह अभी भी शादी करने के लिए बहुत

छोटी थी

elle voulait rester quelques années de plus avec son père
वह अपने पिता के साथ कुछ और साल रहना चाहती थी
Tout d'un coup, le marchand a perdu sa fortune
एक ही बार में व्यापारी ने अपना भाग्य खो दिया
il a tout perdu sauf une petite maison de campagne
उसने एक छोटे से देश के घर के अलावा सब कुछ खो दिया
et il dit à ses enfants, les larmes aux yeux :
और उसने अपने बच्चों को उसकी आँखों में आँसू के साथ कहा:
« il faut aller à la campagne »
"हमें ग्रामीण इलाकों में जाना चाहिए"
« et nous devons travailler pour gagner notre vie »
"और हमें अपने जीवन यापन के लिए काम करना चाहिए"
les deux filles aînées ne voulaient pas quitter la ville
दो बड़ी बेटियां शहर नहीं छोड़ना चाहती थीं
ils avaient plusieurs amants dans la ville
शहर में उनके कई प्रेमी थे
et ils étaient sûrs que l'un de leurs amants les épouserait
और उन्हें यकीन था कि उनका कोई प्रेमी उनसे शादी करेगा
ils pensaient que leurs amants les épouseraient même sans fortune
उन्होंने सोचा कि उनके प्रेमी बिना किसी भाग्य के भी उनसे शादी करेंगे
mais les bonnes dames se sont trompées
लेकिन अच्छी महिलाओं को गलत समझा गया
leurs amants les ont abandonnés très vite
उनके प्रेमियों ने उन्हें बहुत जल्दी छोड़ दिया
parce qu'ils n'avaient plus de fortune
क्योंकि उनके पास अब कोई भाग्य नहीं था
cela a montré qu'ils n'étaient pas vraiment appréciés

इससे पता चला कि वे वास्तव में अच्छी तरह से पसंद नहीं किए गए थे
tout le monde a dit qu'ils ne méritaient pas d'être plaints
सभी ने कहा कि वे दया के लायक नहीं हैं
« Nous sommes heureux de voir leur fierté humiliée »
"हम उनके गौरव को विनम्र देखकर खुश हैं"
« Qu'ils soient fiers de traire les vaches »
"उन्हें गायों का दूध निकालने पर गर्व होना चाहिए"
mais ils étaient préoccupés par Belle
लेकिन वे सुंदरता के लिए चिंतित थे
elle était une créature si douce
वह इतनी प्यारी प्राणी थी
elle parlait si gentiment aux pauvres
वह गरीब लोगों से बहुत प्यार से बात करती थी
et elle était d'une nature si innocente
और वह इतने मासूम स्वभाव की थी
Plusieurs messieurs l'auraient épousée
कई सज्जनों ने उससे शादी की होगी
ils l'auraient épousée même si elle était pauvre
वे गरीब होते हुए भी उससे शादी कर लेते
mais elle leur a dit qu'elle ne pouvait pas les épouser
लेकिन उसने उनसे कहा कि वह उनसे शादी नहीं कर सकती
parce qu'elle ne voulait pas quitter son père
क्योंकि वह अपने पिता को नहीं छोड़ेगी
elle était déterminée à l'accompagner à la campagne
वह उसके साथ ग्रामीण इलाकों में जाने के लिए दृढ़ थी
afin qu'elle puisse le réconforter et l'aider
ताकि वह उसे दिलासा दे सके और उसकी मदद कर सके
pauvre Belle était très affligée au début
बेचारी ब्यूटी पहले तो बहुत दुखी हुई
elle était attristée par la perte de sa fortune

वह अपने भाग्य के नुकसान से दुखी थी
"Mais pleurer ne changera pas mon destin"
"लेकिन रोने से मेरी किस्मत नहीं बदलेगी"
« Je dois essayer de me rendre heureux sans richesse »
"मुझे धन के बिना खुद को खुश करने की कोशिश करनी चाहिए"
ils sont venus dans leur maison de campagne
वे अपने देश के घर में आए
et le marchand et ses trois fils s'appliquèrent à l'agriculture
और व्यापारी और उसके तीन बेटों ने खुद को पति के लिए लगाया
Belle s'est levée à quatre heures du matin
सुबह चार बजे ब्यूटी उठी
et elle s'est dépêchée de nettoyer la maison
और वह जल्दी से घर की सफाई करने लगी
et elle s'est assurée que le dîner était prêt
और उसने सुनिश्चित किया कि रात का खाना तैयार था
au début, elle a trouvé sa nouvelle vie très difficile
शुरुआत में उसे अपना नया जीवन बहुत मुश्किल लगा
parce qu'elle n'était pas habituée à un tel travail
क्योंकि उसे इस तरह के काम की आदत नहीं थी
mais en moins de deux mois elle est devenue plus forte
लेकिन दो महीने से भी कम समय में वह मजबूत हो गई
et elle était en meilleure santé que jamais auparavant
और वह पहले से कहीं ज्यादा स्वस्थ थी
après avoir fait son travail, elle a lu
अपना काम करने के बाद उसने पढ़ा
elle jouait du clavecin
वह हार्पसीकोर्ड पर खेलती थी
ou elle chantait en filant de la soie

या वह रेशम काते समय गाती थी
au contraire, ses deux sœurs ne savaient pas comment passer leur temps
इसके विपरीत, उसकी दो बहनों को नहीं पता था कि अपना समय कैसे व्यतीत करना है
ils se sont levés à dix heures et n'ont rien fait d'autre que paresser toute la journée
वे दस बजे उठे और पूरे दिन आलस्य के अलावा कुछ नहीं किया
ils ont déploré la perte de leurs beaux vêtements
उन्होंने अपने अच्छे कपड़ों के खो जाने का शोक व्यक्त किया
et ils se sont plaints d'avoir perdu leurs connaissances
और उन्होंने अपने परिचितों को खोने की शिकायत की
« Regardez notre plus jeune sœur », se dirent-ils.
"हमारी सबसे छोटी बहन को देखो," उन्होंने एक-दूसरे से कहा
"Quelle pauvre et stupide créature elle est"
"वह कितना गरीब और बेवकूफ प्राणी है"
"C'est mesquin de se contenter de si peu"
"इतने कम में संतुष्ट रहना मतलबी है"
le gentil marchand était d'un avis tout à fait différent
दयालु व्यापारी काफी अलग राय का था
il savait très bien que Belle éclipsait ses sœurs
वह अच्छी तरह से जानता था कि ब्यूटी अपनी बहनों से आगे निकल जाती है
elle les a surpassés en caractère ainsi qu'en esprit
उसने उन्हें चरित्र के साथ-साथ दिमाग में भी पछाड़ दिया
il admirait son humilité et son travail acharné
उन्होंने उनकी विनम्रता और उनकी कड़ी मेहनत की प्रशंसा की
mais il admirait surtout sa patience
लेकिन सबसे ज्यादा उसने उसके धैर्य की प्रशंसा की
ses sœurs lui ont laissé tout le travail à faire

उसकी बहनों ने उसे सारा काम करने के लिए छोड़ दिया
et ils l'insultaient à chaque instant
और उन्होंने हर पल उसका अपमान किया
La famille vivait ainsi depuis environ un an.
करीब एक साल से परिवार ऐसे ही रह रहा था
puis le commerçant a reçu une lettre d'un comptable
तभी व्यापारी को एक लेखपाल का पत्र मिला
il avait un investissement dans un navire
उन्होंने एक जहाज में निवेश किया था
et le navire était arrivé sain et sauf
और जहाज सुरक्षित रूप से आ गया था
Cette nouvelle a fait tourner les têtes des deux filles aînées
इस खबर ने दोनों बड़ी बेटियों के सिर फोड़ दिए
ils ont immédiatement eu l'espoir de revenir en ville
उन्हें तुरंत शहर लौटने की उम्मीद थी
parce qu'ils étaient assez fatigués de la vie à la campagne
क्योंकि वे देश के जीवन से काफी थके हुए थे
ils sont allés vers leur père alors qu'il partait
वे अपने पिता के पास गए क्योंकि वह जा रहे थे
ils l'ont supplié de leur acheter de nouveaux vêtements
उन्होंने उनसे नए कपड़े खरीदने की भीख मांगी
des robes, des rubans et toutes sortes de petites choses
कपड़े, रिबन, और सभी प्रकार की छोटी चीजें
mais Belle n'a rien demandé
लेकिन सुंदरता ने कुछ नहीं मांगा
parce qu'elle pensait que l'argent ne serait pas suffisant
क्योंकि उसने सोचा था कि पैसा पर्याप्त नहीं होगा
il n'y aurait pas assez pour acheter tout ce que ses sœurs voulaient
उसकी बहनों को जो कुछ भी चाहिए था उसे खरीदने के लिए पर्याप्त नहीं होगा

"Que veux-tu, ma belle ?" demanda son père
"तुम क्या पसंद करोगी, सुंदरी?" उसके पिता ने पूछा
« Merci, père, pour la bonté de penser à moi », dit-elle
"धन्यवाद, पिता, मेरे बारे में सोचने के लिए अच्छाई के लिए," उसने कहा
« Père, ayez la gentillesse de m'apporter une rose »
"पिताजी, इतनी कृपा करो कि मेरे लिए एक गुलाब लाओ"
"parce qu'aucune rose ne pousse ici dans le jardin"
"क्योंकि यहाँ बगीचे में गुलाब नहीं उगते"
"et les roses sont une sorte de rareté"
"और गुलाब एक प्रकार की दुर्लभता है"
Belle ne se souciait pas vraiment des roses
सुंदरता वास्तव में गुलाब की परवाह नहीं करती थी
elle a juste demandé quelque chose pour ne pas condamner ses sœurs
उसने केवल अपनी बहनों की निंदा न करने के लिए कुछ मांगा
mais ses sœurs pensaient qu'elle avait demandé des roses pour d'autres raisons
लेकिन उसकी बहनों ने सोचा कि उसने अन्य कारणों से गुलाब मांगे
"Elle l'a fait juste pour avoir l'air particulière"
"उसने इसे सिर्फ विशेष रूप से देखने के लिए किया"
L'homme gentil est parti en voyage
दयालु आदमी अपनी यात्रा पर चला गया
mais quand il est arrivé, ils se sont disputés à propos de la marchandise
लेकिन जब वह आया तो उन्होंने माल के बारे में बहस की
et après beaucoup d'ennuis, il est revenu aussi pauvre qu'avant
और काफी मशक्कत के बाद वह पहले की तरह गरीब होकर

वापस आया
il était à quelques heures de sa propre maison
वह अपने घर से कुछ घंटों के भीतर था
et il imaginait déjà la joie de revoir ses enfants
और वह पहले से ही अपने बच्चों को देखने की खुशी की कल्पना करता था
mais en traversant la forêt, il s'est perdu
लेकिन जंगल से गुजरते समय वह खो गया
il a plu et neigé terriblement
बहुत बारिश हुई और बर्फबारी हुई
le vent était si fort qu'il l'a fait tomber de son cheval
हवा इतनी तेज थी कि उसने उसे अपने घोड़े से फेंक दिया
et la nuit arrivait rapidement
और रात जल्दी आ रही थी
il a commencé à penser qu'il pourrait mourir de faim
वह सोचने लगा कि वह भूखा मर सकता है
et il pensait qu'il pourrait mourir de froid
और उसने सोचा कि वह जम कर मर सकता है
et il pensait que les loups pourraient le manger
और उसने सोचा कि भेड़िये उसे खा सकते हैं
les loups qu'il entendait hurler tout autour de lui
भेड़ियों है कि वह उसके चारों ओर गरजना सुना
mais tout à coup il a vu une lumière
लेकिन अचानक उसने एक रोशनी देखी
il a vu la lumière au loin à travers les arbres
उसने पेड़ों के बीच से कुछ दूरी पर प्रकाश देखा
quand il s'est approché, il a vu que la lumière était un palais
जब वह करीब गया तो उसने देखा कि प्रकाश एक महल था
le palais était illuminé de haut en bas
महल ऊपर से नीचे तक जगमगा रहा था
le marchand a remercié Dieu pour sa chance

व्यापारी ने भगवान को उसकी किस्मत के लिए धन्यवाद दिया
et il se précipita vers le palais
और वह जल्दी से महल की ओर चल पड़ा
mais il fut surpris de ne voir personne dans le palais
लेकिन महल में कोई भी व्यक्ति नहीं देखकर वह हैरान रह गया
la cour était complètement vide
आंगन पूरी तरह से खाली था
et il n'y avait aucun signe de vie nulle part
और कहीं भी जीवन का कोई संकेत नहीं था
son cheval le suivit dans le palais
उसका घोड़ा उसके पीछे-पीछे महल में चला गया
et puis son cheval a trouvé une grande écurie
और फिर उसके घोड़े को बड़ा अस्तबल मिला
le pauvre animal était presque affamé
बेचारा जानवर लगभग भूखा था
alors son cheval est allé chercher du foin et de l'avoine
इसलिए उसका घोड़ा घास और जई खोजने के लिए अंदर गया
Heureusement, il a trouvé beaucoup à manger
सौभाग्य से उसे खाने के लिए बहुत कुछ मिला
et le marchand attacha son cheval à la mangeoire
और व्यापारी ने अपने घोड़े को चरनी से बांध दिया
En marchant vers la maison, il n'a vu personne
घर की ओर चलते हुए उसने देखा कि कोई नहीं है
mais dans une grande salle il trouva un bon feu
लेकिन एक बड़े हॉल में उसे एक अच्छी आग मिली
et il a trouvé une table dressée pour une personne
और उसे एक के लिए एक टेबल सेट मिला
il était mouillé par la pluie et la neige
वह बारिश और बर्फ से भीगा हुआ था
alors il s'est approché du feu pour se sécher

इसलिए वह खुद को सुखाने के लिए आग के पास गया
« J'espère que le maître de maison m'excusera »
"मुझे आशा है कि घर के मालिक मुझे क्षमा करेंगे"
« Je suppose qu'il ne faudra pas longtemps pour que quelqu'un apparaisse »
"मुझे लगता है कि किसी को दिखाई देने में देर नहीं लगेगी"
Il a attendu un temps considérable
उन्होंने काफी देर इंतजार किया
il a attendu jusqu'à ce que onze heures sonnent, et toujours personne n'est venu
उसने ग्यारह बजने तक इंतजार किया, और फिर भी कोई नहीं आया
enfin, il avait tellement faim qu'il ne pouvait plus attendre
अंत में वह इतना भूखा था कि वह अब और इंतजार नहीं कर सकता था
il a pris du poulet et l'a mangé en deux bouchées
उसने कुछ चिकन लिया और इसे दो कौर में खाया
il tremblait en mangeant la nourriture
खाना खाते समय वह कांप रहा था
après cela, il a bu quelques verres de vin
इसके बाद उन्होंने कुछ गिलास शराब पी
devenant plus courageux, il sortit du hall
और हिम्मत करके वह हॉल से बाहर चला गया
et il traversa plusieurs grandes salles
और वह कई भव्य हॉल के माध्यम से पार कर गया
il a traversé le palais jusqu'à ce qu'il arrive dans une chambre
वह महल के माध्यम से चला गया जब तक कि वह एक कक्ष में नहीं आया
une chambre qui contenait un très bon lit
एक कक्ष जिसमें एक बहुत अच्छा बिस्तर था

il était très fatigué par son épreuve
वह अपनी परीक्षा से बहुत थक गया था
et il était déjà minuit passé
और समय पहले ही आधी रात बीत चुका था
alors il a décidé qu'il était préférable de fermer la porte
इसलिए उसने फैसला किया कि दरवाजा बंद करना सबसे अच्छा है
et il a conclu qu'il devrait aller se coucher
और उसने निष्कर्ष निकाला कि उसे बिस्तर पर जाना चाहिए
Il était dix heures du matin lorsque le marchand s'est réveillé
जब व्यापारी उठा तो सुबह के दस बज रहे थे
au moment où il allait se lever, il vit quelque chose
जैसे ही वह उठने जा रहा था, उसने कुछ देखा
il a été étonné de voir un ensemble de vêtements propres
कपड़ों का एक साफ सेट देखकर वह चकित रह गया
à l'endroit où il avait laissé ses vêtements sales
उस जगह पर जहां उसने अपने गंदे कपड़े छोड़े थे
"ce palais appartient certainement à une sorte de fée"
"निश्चित रूप से यह महल किसी तरह की परी का है"
" une fée qui m'a vu et qui a eu pitié de moi"
"एक परी जिसने मुझे देखा और दया की है"
il a regardé à travers une fenêtre
उसने खिड़की से झांका
mais au lieu de neige, il vit le jardin le plus charmant
लेकिन बर्फ के बजाय उसने सबसे रमणीय उद्यान देखा
et dans le jardin il y avait les plus belles roses
और बगीचे में सबसे सुंदर गुलाब थे
il est ensuite retourné dans la grande salle
फिर वह ग्रेट हॉल में लौट आया
la salle où il avait mangé de la soupe la veille

वह हॉल जहाँ उसने एक रात पहले सूप खाया था
et il a trouvé du chocolat sur une petite table
और उसे एक छोटी सी मेज पर कुछ चॉकलेट मिली
« Merci, bonne Madame la Fée », dit-il à voix haute.
"धन्यवाद, अच्छा मैडम परी," उन्होंने जोर से कहा
"Merci d'être si attentionné"
"इतनी देखभाल करने के लिए धन्यवाद"
« Je vous suis extrêmement reconnaissant pour toutes vos faveurs »
"मैं आपके सभी एहसानों के लिए आपका बेहद आभारी हूं"
l'homme gentil a bu son chocolat
दयालु आदमी ने अपनी चॉकलेट पी ली
et puis il est allé chercher son cheval
और फिर वह अपने घोड़े की तलाश में चला गया
mais dans le jardin il se souvint de la demande de Belle
लेकिन बगीचे में उसे ब्यूटी की रिक्वेस्ट याद आ गई
et il coupa une branche de roses
और उसने गुलाब की एक शाखा काट दी
immédiatement il entendit un grand bruit
तुरंत उसने एक बड़ा शोर सुना
et il vit une bête terriblement effrayante
और उसने एक भयानक भयानक जानवर को देखा
il était tellement effrayé qu'il était sur le point de s'évanouir
वह इतना डर गया था कि वह बेहोश होने के लिए तैयार था
« Tu es bien ingrat », lui dit la bête.
"तुम बहुत कृतघ्न हो," जानवर ने उससे कहा
et la bête parla d'une voix terrible
और जानवर ने भयानक आवाज में बात की
« Je t'ai sauvé la vie en te laissant entrer dans mon château »
"मैंने आपको अपने महल में प्रवेश करने की अनुमति देकर आपकी जान बचाई है"

"et pour ça tu me voles mes roses en retour ?"
"और इसके बदले में तुम मेरे गुलाब चुराते हो?"
« Les roses que j'apprécie plus que tout »
"गुलाब जिसे मैं किसी भी चीज़ से परे महत्व देता हूं"
"mais tu mourras pour ce que tu as fait"
"लेकिन तुमने जो किया है उसके लिए तुम मर जाओगे"
« Je ne vous donne qu'un quart d'heure pour vous préparer »
"मैं आपको खुद को तैयार करने के लिए एक घंटे का एक चौथाई समय देता हूं"
« Préparez-vous à la mort et dites vos prières »
"अपने आप को मौत के लिए तैयार हो जाओ और अपनी प्रार्थना कहो"
le marchand tomba à genoux
व्यापारी अपने घुटनों पर गिर गया
et il leva ses deux mains
और उसने अपने दोनों हाथ ऊपर उठा दिए
« Monseigneur, je vous supplie de me pardonner »
"मेरे प्रभु, मैं आपसे विनती करता हूं कि मुझे क्षमा करें"
« Je n'avais aucune intention de t'offenser »
"मेरा आपको अपमानित करने का कोई इरादा नहीं था"
« J'ai cueilli une rose pour une de mes filles »
"मैंने अपनी बेटियों में से एक के लिए गुलाब इकट्ठा किया"
"elle m'a demandé de lui apporter une rose"
"उसने मुझे गुलाब लाने के लिए कहा"
« Je ne suis pas ton seigneur, mais je suis une bête », répondit le monstre
"मैं तुम्हारा स्वामी नहीं हूँ, लेकिन मैं एक जानवर हूँ," राक्षस ने उत्तर दिया
« Je n'aime pas les compliments »
"मुझे तारीफ पसंद नहीं है"
« J'aime les gens qui parlent comme ils pensent »

"मुझे ऐसे लोग पसंद हैं जो बोलते हैं जैसा वे सोचते हैं"
« N'imaginez pas que je puisse être ému par la flatterie »
"कल्पना मत करो कि मुझे चापलूसी से हिलाया जा सकता है"
« Mais tu dis que tu as des filles »
"लेकिन आप कहते हैं कि आपको बेटियां मिली हैं"
"Je te pardonnerai à une condition"
"मैं आपको एक शर्त पर माफ कर दूंगा"
« L'une de vos filles doit venir volontairement à mon palais »
"तुम्हारी बेटियों में से एक को स्वेच्छा से मेरे महल में आना चाहिए"
"et elle doit souffrir pour toi"
"और उसे तुम्हारे लिए पीड़ित होना चाहिए"
« Donne-moi ta parole »
"मुझे अपनी बात कहने दो"
"et ensuite tu pourras vaquer à tes occupations"
"और फिर आप अपने व्यवसाय के बारे में जा सकते हैं"
« Promets-moi ceci : »
"मुझसे यह वादा करो:"
"Si votre fille refuse de mourir pour vous, vous devez revenir dans les trois mois"
"अगर आपकी बेटी आपके लिए मरने से इनकार करती है, तो आपको तीन महीने के भीतर वापस आना होगा"
le marchand n'avait aucune intention de sacrifier ses filles
व्यापारी का अपनी बेटियों की बलि देने का कोई इरादा नहीं था
mais, comme on lui en donnait le temps, il voulait revoir ses filles une fois de plus
लेकिन, चूंकि उन्हें समय दिया गया था, इसलिए वह अपनी बेटियों को एक बार फिर देखना चाहते थे
alors il a promis qu'il reviendrait

इसलिए उसने वादा किया कि वह वापस आएगा
et la bête lui dit qu'il pouvait partir quand il le voudrait
और जानवर ने उससे कहा कि वह जब चाहे तब निकल सकता है
et la bête lui dit encore une chose
और जानवर ने उसे एक और बात बताई
« Tu ne partiras pas les mains vides »
"आप खाली हाथ नहीं जाएंगे"
« retourne dans la pièce où tu étais allongé »
"उस कमरे में वापस जाओ जहाँ तुम लेटे हो"
« vous verrez un grand coffre au trésor vide »
"आप एक महान खाली खजाने की छाती देखेंगे"
« Remplissez le coffre aux trésors avec ce que vous préférez »
"खजाने की छाती को जो कुछ भी आपको सबसे अच्छा लगता है उससे भरें"
"et j'enverrai le coffre au trésor chez toi"
"और मैं खजाने को तुम्हारे घर भेज दूंगा"
et en même temps la bête s'est retirée
और उसी समय जानवर पीछे हट गया
« Eh bien, » se dit le bon homme
"ठीक है," अच्छे आदमी ने खुद से कहा
« Si je dois mourir, je laisserai au moins quelque chose à mes enfants »
"अगर मुझे मरना ही है, तो मैं कम से कम अपने बच्चों के लिए कुछ छोड़ दूंगा।
alors il retourna dans la chambre à coucher
इसलिए वह शयनकक्ष में लौट आया
et il a trouvé une grande quantité de pièces d'or
और उसे सोने के बहुत से टुकड़े मिले
il a rempli le coffre au trésor que la bête avait mentionné

उसने उस खजाने को भर दिया जिसका उल्लेख जानवर ने किया था

et il sortit son cheval de l'écurie
और वह अपने घोड़े को अस्तबल से बाहर ले गया

la joie qu'il ressentait en entrant dans le palais était désormais égale à la douleur qu'il ressentait en le quittant
महल में प्रवेश करते समय उसे जो खुशी महसूस हुई, वह अब उस दुःख के बराबर थी जो उसने इसे छोड़ने के लिए महसूस किया था

le cheval a pris un des chemins de la forêt
घोड़े ने जंगल की सड़कों में से एक ले लिया

et quelques heures plus tard, le bon homme était à la maison
और कुछ ही घंटों में अच्छा आदमी घर था

ses enfants sont venus à lui
उसके बच्चे उसके पास आए

mais au lieu de recevoir leurs étreintes avec plaisir, il les regardait
लेकिन खुशी के साथ उनके आलिंगन प्राप्त करने के बजाय, उसने उन्हें देखा

il brandit la branche qu'il tenait dans ses mains
उसने अपने हाथों में जो शाखा थी उसे पकड़ लिया

et puis il a fondu en larmes
और फिर वह फूट-फूटकर रोने लगा

« Belle », dit-il, « s'il te plaît, prends ces roses »
"सुंदरता," उन्होंने कहा, "कृपया इन गुलाबों को ले लो"

"Vous ne pouvez pas savoir à quel point ces roses ont été chères"
"आप नहीं जान सकते कि ये गुलाब कितने महंगे हैं"

"Ces roses ont coûté la vie à ton père"
"इन गुलाबों ने आपके पिता को अपना जीवन दिया है"

et puis il raconta sa fatale aventure

और फिर उसने अपने घातक साहसिक कार्य के बारे में बताया
immédiatement les deux sœurs aînées crièrent
तुरंत दोनों बड़ी बहनें चिल्ला उठीं
et ils ont dit beaucoup de choses méchantes à leur belle sœur
और उन्होंने अपनी खूबसूरत बहन से बहुत सी मतलबी बातें कहीं
mais Belle n'a pas pleuré du tout
लेकिन ब्यूटी बिल्कुल नहीं रोई
« Regardez l'orgueil de ce petit misérable », dirent-ils.
"उस छोटे से अभागे के गर्व को देखो," उन्होंने कहा
"elle n'a pas demandé de beaux vêtements"
"उसने अच्छे कपड़े नहीं मांगे"
"Elle aurait dû faire ce que nous avons fait"
"उसे वही करना चाहिए था जो हमने किया था"
"elle voulait se distinguer"
"वह खुद को अलग करना चाहती थी"
"alors maintenant elle sera la mort de notre père"
"तो अब वह हमारे पिता की मृत्यु होगी"
"et pourtant elle ne verse pas une larme"
"और फिर भी वह एक आंसू नहीं बहाती"
"Pourquoi devrais-je pleurer ?" répondit Belle
"मैं क्यों रोऊँ?" सुंदरी ने जवाब दिया
« pleurer serait très inutile »
"रोना बहुत अनावश्यक होगा"
« Mon père ne souffrira pas pour moi »
"मेरे पिता मेरे लिए पीड़ित नहीं होंगे"
"le monstre acceptera une de ses filles"
"राक्षस अपनी बेटियों में से एक को स्वीकार करेगा"
« Je m'offrirai à toute sa fureur »
"मैं अपने आप को उसके सभी रोष के लिए पेश करूंगा"
« Je suis très heureux, car ma mort sauvera la vie de mon

père »
"मैं बहुत खुश हूं, क्योंकि मेरी मृत्यु मेरे पिता के जीवन को बचाएगी"

"ma mort sera une preuve de mon amour"
"मेरी मौत मेरे प्यार का सबूत होगी"

« Non, ma sœur », dirent ses trois frères
"नहीं, बहन," उसके तीन भाइयों ने कहा

"cela ne sera pas"
"ऐसा नहीं होगा"

"nous allons chercher le monstre"
"हम राक्षस को खोजने जाएंगे"

"et soit on le tue..."
"और या तो हम उसे मार देंगे ..."

« ... ou nous périrons dans cette tentative »
"... या हम प्रयास में नष्ट हो जाएंगे"

« N'imaginez rien de tel, mes fils », dit le marchand.
"ऐसी किसी बात की कल्पना मत करो, मेरे बेटे," व्यापारी ने कहा

"La puissance de la bête est si grande que je n'ai aucun espoir que tu puisses la vaincre"
"जानवर की शक्ति इतनी महान है कि मुझे कोई उम्मीद नहीं है कि आप उसे दूर कर सकते हैं।

« Je suis charmé par l'offre aimable et généreuse de Belle »
"मैं सौंदर्य की तरह और उदार प्रस्ताव से मंत्रमुग्ध हूं"

"mais je ne peux pas accepter sa générosité"
"लेकिन मैं उसकी उदारता को स्वीकार नहीं कर सकता"

« Je suis vieux et je n'ai plus beaucoup de temps à vivre »
"मैं बूढ़ा हूँ, और मेरे पास जीने के लिए लंबा समय नहीं है।

"Je ne peux donc perdre que quelques années"
"तो मैं केवल कुछ साल खो सकता हूं"

"un temps que je regrette pour vous, mes chers enfants"

"समय जो मुझे आपके लिए खेद है, मेरे प्यारे बच्चों"
« Mais père », dit Belle
"लेकिन पिताजी," ब्यूटी ने कहा
"tu n'iras pas au palais sans moi"
"तुम मेरे बिना महल में नहीं जाओगे"
"tu ne peux pas m'empêcher de te suivre"
"आप मुझे अपने पीछे आने से नहीं रोक सकते"
rien ne pourrait convaincre Belle autrement
कुछ भी सौंदर्य को अन्यथा मना नहीं सकता था
elle a insisté pour aller au beau palais
उसने ललित महल में जाने की जिद की
et ses sœurs étaient ravies de son insistance
और उसकी बहनें उसकी जिद पर खुश थीं
Le marchand était inquiet à l'idée de perdre sa fille
व्यापारी अपनी बेटी को खोने के विचार से चिंतित था
il était tellement inquiet qu'il avait oublié le coffre rempli d'or
वह इतना चिंतित था कि वह सोने से भरे संदूक के बारे में भूल गया था
la nuit, il se retirait pour se reposer et fermait la porte de sa chambre
रात में वह आराम करने के लिए सेवानिवृत्त हुए, और उन्होंने अपने कक्ष का दरवाजा बंद कर दिया
puis, à sa grande surprise, il trouva le trésor à côté de son lit
फिर, अपने महान आश्चर्य के लिए, वह अपने बिस्तर के पास खजाना पाया
il était déterminé à ne rien dire à ses enfants
उसने ठान लिया था कि वह अपने बच्चों को नहीं बताएगा
s'ils savaient, ils auraient voulu retourner en ville
अगर उन्हें पता होता, तो वे शहर लौटना चाहते
et il était résolu à ne pas quitter la campagne

और उसने ठान लिया था कि वह देहात को न छोड़ेगा
mais il confia le secret à Belle
लेकिन उसने रहस्य के साथ सौंदर्य पर भरोसा किया
elle l'informa que deux messieurs étaient venus
उसने उसे बताया कि दो सज्जन आए हैं
et ils ont fait des propositions à ses sœurs
और उन्होंने अपनी बहनों को प्रस्ताव दिया
elle a supplié son père de consentir à leur mariage
उसने अपने पिता से उनकी शादी के लिए सहमति देने की भीख मांगी
et elle lui a demandé de leur donner une partie de sa fortune
और उसने उसे अपने भाग्य में से कुछ देने के लिए कहा
elle leur avait déjà pardonné
उसने उन्हें पहले ही माफ कर दिया था
les méchantes créatures se frottaient les yeux avec des oignons
दुष्ट प्राणियों ने प्याज से अपनी आँखें मलीं
pour forcer quelques larmes quand ils se sont séparés de leur sœur
कुछ आँसू मजबूर करने के लिए जब वे अपनी बहन के साथ भाग गए
mais ses frères étaient vraiment inquiets
लेकिन उसके भाई वास्तव में चिंतित थे
Belle était la seule à ne pas verser de larmes
सुंदरता ही थी जिसने कोई आँसू नहीं बहाए
elle ne voulait pas augmenter leur malaise
वह उनकी बेचैनी नहीं बढ़ाना चाहती थी
le cheval a pris la route directe vers le palais
घोड़े ने महल के लिए सीधी सड़क ली
et vers le soir ils virent le palais illuminé
और शाम को उन्होंने जगमगाते महल को देखा

le cheval est rentré à l'écurie
घोड़ा खुद को फिर से अस्तबल में ले गया
et le bon homme et sa fille entrèrent dans la grande salle
और भला आदमी और उसकी बेटी बड़े हॉल में गए
ici ils ont trouvé une table magnifiquement dressée
यहां उन्हें एक टेबल शानदार ढंग से परोसी गई मिली
le marchand n'avait pas d'appétit pour manger
व्यापारी को खाने की भूख नहीं थी
mais Belle s'efforçait de paraître joyeuse
लेकिन ब्यूटी ने हंसमुख दिखने की कोशिश की
elle s'est assise à table et a aidé son père
वह मेज पर बैठ गई और अपने पिता की मदद की
mais elle pensait aussi :
लेकिन उसने खुद को भी सोचा:
"La bête veut sûrement m'engraisser avant de me manger"
"जानवर निश्चित रूप से मुझे खाने से पहले मुझे मोटा करना चाहता है"
"c'est pourquoi il offre autant de divertissement"
"यही कारण है कि वह इस तरह के भरपूर मनोरंजन प्रदान करता है"
après avoir mangé, ils entendirent un grand bruit
खाना खाने के बाद उन्होंने बड़ा शोर सुना
et le marchand fit ses adieux à son malheureux enfant, les larmes aux yeux
और व्यापारी ने अपने दुर्भाग्यपूर्ण बच्चे को विदाई दी, उसकी आँखों में आँसू के साथ
parce qu'il savait que la bête allait venir
क्योंकि वह जानता था कि जानवर आ रहा था
Belle était terrifiée par sa forme horrible
उसके भयानक रूप से सौंदर्य घबरा गया
mais elle a pris courage du mieux qu'elle a pu

लेकिन उसने साहस के रूप में अच्छी तरह से वह कर सकती थी

et le monstre lui a demandé si elle était venue volontairement

और राक्षस ने उससे पूछा कि क्या वह स्वेच्छा से आई है

"Oui, je suis venue volontiers", dit-elle en tremblant

"हाँ, मैं स्वेच्छा से आई हूँ," उसने कांपते हुए कहा

la bête répondit : « Tu es très bon »

जानवर ने जवाब दिया, "तुम बहुत अच्छे हो"

"et je vous suis très reconnaissant, honnête homme"

"और मैं तुम्हारा बहुत आभारी हूं; ईमानदार आदमी"

« Allez-y demain matin »

"कल सुबह अपने रास्ते जाओ"

"mais ne pense plus jamais à revenir ici"

"लेकिन फिर कभी यहां आने के बारे में मत सोचो"

« Adieu Belle, adieu bête », répondit-il

"अलविदा सौंदर्य, विदाई जानवर," उन्होंने जवाब दिया

et immédiatement le monstre s'est retiré

और तुरंत राक्षस पीछे हट गया

« Oh, ma fille », dit le marchand

"ओह, बेटी," व्यापारी ने कहा

et il embrassa sa fille une fois de plus

और उसने अपनी बेटी को एक बार फिर गले लगा लिया

« Je suis presque mort de peur »

"मैं लगभग मौत से डरता हूं"

"crois-moi, tu ferais mieux de rentrer"

"मेरा विश्वास करो, बेहतर होगा कि तुम वापस चले जाओ"

"Laisse-moi rester ici, à ta place"

"मुझे यहाँ रहने दो, तुम्हारे बजाय"

« Non, père », dit Belle d'un ton résolu.

"नहीं, पिताजी," ब्यूटी ने दृढ़ स्वर में कहा

"tu partiras demain matin"
"तुम कल सुबह निकलोगे"
« Laissez-moi aux soins et à la protection de la Providence »
"मुझे प्रोविडेंस की देखभाल और सुरक्षा के लिए छोड़ दो"
néanmoins ils sont allés se coucher
फिर भी वे बिस्तर पर चले गए
ils pensaient qu'ils ne fermeraient pas les yeux de la nuit
उन्होंने सोचा कि वे पूरी रात अपनी आँखें बंद नहीं करेंगे
mais juste au moment où ils se couchaient, ils s'endormirent
लेकिन जैसे ही वे लेट गए, वे सो गए
La belle rêva qu'une belle dame venait et lui disait :
सौंदर्य ने सपना देखा कि एक अच्छी महिला आई और उससे कहा:
« Je suis content, Belle, de ta bonne volonté »
"मैं संतुष्ट हूं, सौंदर्य, आपकी अच्छी इच्छा के साथ"
« Cette bonne action de votre part ne restera pas sans récompense »
"आपका यह अच्छा कार्य पुरस्कृत नहीं होगा"
Belle s'est réveillée et a raconté son rêve à son père
ब्यूटी ने जागकर अपने पिता को अपना सपना बताया
le rêve l'a aidé à se réconforter un peu
सपना ने उसे थोड़ा आराम देने में मदद की
mais il ne pouvait s'empêcher de pleurer amèrement en partant
लेकिन वह जाते समय फूट-फूट कर रोने से खुद को रोक नहीं सका
Dès qu'il fut parti, Belle s'assit dans la grande salle et pleura aussi
जैसे ही वह चला गया, ब्यूटी भी बड़े हॉल में बैठ गई और रोने लगी
mais elle résolut de ne pas s'inquiéter

लेकिन उसने असहज न होने का संकल्प लिया
elle a décidé d'être forte pour le peu de temps qui lui restait à vivre
उसने जीने के लिए बचे थोड़े समय के लिए मजबूत होने का फैसला किया
parce qu'elle croyait fermement que la bête la mangerait
क्योंकि उसे दृढ़ विश्वास था कि जानवर उसे खा जाएगा
Cependant, elle pensait qu'elle pourrait aussi bien explorer le palais
हालाँकि, उसने सोचा कि वह महल का पता लगा सकती है
et elle voulait voir le beau château
और वह बढ़िया महल देखना चाहती थी
un château qu'elle ne pouvait s'empêcher d'admirer
एक महल जिसे वह निहारने में मदद नहीं कर सका
c'était un palais délicieusement agréable
यह एक सुखद सुखद महल था
et elle fut extrêmement surprise de voir une porte
और वह एक दरवाजा देखकर बेहद हैरान थी
et sur la porte il était écrit que c'était sa chambre
और दरवाजे पर लिखा था कि यह उसका कमरा था
elle a ouvert la porte à la hâte
उसने जल्दी से दरवाजा खोला
et elle était tout à fait éblouie par la magnificence de la pièce
और वह कमरे की भव्यता से काफी चकाचौंध थी
ce qui a principalement retenu son attention était une grande bibliothèque
जिस चीज ने मुख्य रूप से उसका ध्यान खींचा वह एक बड़ा पुस्तकालय था
un clavecin et plusieurs livres de musique
एक हार्पसीकोर्ड और कई संगीत पुस्तकें
« Eh bien, » se dit-elle

"ठीक है," उसने खुद से कहा
« Je vois que la bête ne laissera pas mon temps peser sur moi »
"मैं देख रहा हूं कि जानवर मेरा समय भारी नहीं होने देगा"
puis elle réfléchit à sa situation
फिर उसने अपनी स्थिति के बारे में खुद को प्रतिबिंबित किया
« Si je devais rester un jour, tout cela ne serait pas là »
"अगर मुझे एक दिन रुकना होता तो यह सब यहाँ नहीं होता"
cette considération lui inspira un courage nouveau
इस विचार ने उसे नए साहस के साथ प्रेरित किया
et elle a pris un livre de sa nouvelle bibliothèque
और उसने अपनी नई लाइब्रेरी से एक किताब ली
et elle lut ces mots en lettres d'or :
और उसने इन शब्दों को सुनहरे अक्षरों में पढ़ा:
« Accueillez Belle, bannissez la peur »
"सौंदर्य का स्वागत है, डर को दूर करें"
« Vous êtes reine et maîtresse ici »
"आप यहाँ रानी और मालकिन हैं"
« Exprimez vos souhaits, exprimez votre volonté »
"अपनी इच्छा बोलो, अपनी इच्छा बोलो"
« L'obéissance rapide répond ici à vos souhaits »
"स्विफ्ट आज्ञाकारिता यहां आपकी इच्छाओं को पूरा करती है"
« Hélas, dit-elle avec un soupir
"काश," उसने एक आह भरते हुए कहा
« Ce que je souhaite par-dessus tout, c'est revoir mon pauvre père. »
"सबसे ज्यादा मैं अपने गरीब पिता को देखना चाहता हूं"
"et j'aimerais savoir ce qu'il fait"
"और मैं जानना चाहूंगा कि वह क्या कर रहा है"
Dès qu'elle eut dit cela, elle remarqua le miroir
यह कहते ही उसकी नजर आईना पर पड़ी

à sa grande surprise, elle vit sa propre maison dans le miroir
उसे महान आश्चर्य करने के लिए वह दर्पण में अपने ही घर देखा

son père est arrivé émotionnellement épuisé
उसके पिता भावनात्मक रूप से थक गए थे

ses sœurs sont allées à sa rencontre
उसकी बहनें उससे मिलने गई थीं

malgré leurs tentatives de paraître tristes, leur joie était visible
दुःखी दिखने के उनके प्रयासों के बावजूद, उनकी खुशी दिखाई दे रही थी

un instant plus tard, tout a disparu
थोड़ी देर बाद सब गायब हो गया

et les appréhensions de Belle ont également disparu
और सौंदर्य की आशंकाएं भी गायब हो गईं

car elle savait qu'elle pouvait faire confiance à la bête
क्योंकि वह जानती थी कि वह जानवर पर भरोसा कर सकती है

À midi, elle trouva le dîner prêt
दोपहर में उसने रात का खाना तैयार पाया

elle s'est assise à la table
वह खुद मेज पर बैठ गई

et elle a été divertie avec un concert de musique
और संगीत के एक संगीत कार्यक्रम के साथ उसका मनोरंजन किया गया

même si elle ne pouvait voir personne
हालांकि वह किसी को नहीं देख सकता था

le soir, elle s'est à nouveau assise pour dîner
रात को वह फिर से रात के खाने के लिए बैठ गई

cette fois elle entendit le bruit que faisait la bête

इस बार उसने जानवर द्वारा किए गए शोर को सुना
et elle ne pouvait s'empêcher d'être terrifiée
और वह भयभीत होने में मदद नहीं कर सका
"Belle", dit le monstre
"सुंदरता," राक्षस ने कहा
"est-ce que tu me permets de manger avec toi ?"
"क्या आप मुझे अपने साथ खाने की अनुमति देते हैं?
« Fais comme tu veux », répondit Belle en tremblant
"जैसा चाहो वैसा करो," ब्यूटी ने कांपते हुए जवाब दिया
"Non", répondit la bête
"नहीं," जानवर ने जवाब दिया
"tu es seule la maîtresse ici"
"आप ही यहाँ मालकिन हैं"
"tu peux me renvoyer si je suis gênant"
"अगर मुझे परेशानी हो तो आप मुझे दूर भेज सकते हैं"
« renvoyez-moi et je me retirerai immédiatement »
"मुझे दूर भेज दो और मैं तुरंत वापस ले लूंगा"
« Mais dis-moi, ne me trouves-tu pas très laide ? »
"लेकिन, मुझे बताओ; क्या तुम्हें नहीं लगता कि मैं बहुत बदसूरत हूँ?
"C'est vrai", dit Belle
"यह सच है," ब्यूटी ने कहा
« Je ne peux pas mentir »
'मैं झूठ नहीं बोल सकता'
"mais je crois que tu es de très bonne nature"
"लेकिन मेरा मानना है कि आप बहुत अच्छे स्वभाव के हैं"
« Je le suis en effet », dit le monstre
"मैं वास्तव में हूँ," राक्षस ने कहा
« Mais à part ma laideur, je n'ai pas non plus de bon sens »
"लेकिन मेरी कुरूपता के अलावा, मुझे भी कोई मतलब नहीं

है"

« Je sais très bien que je suis une créature stupide »
"मैं अच्छी तरह जानता हूं कि मैं एक मूर्ख प्राणी हूं।

« Ce n'est pas un signe de folie de penser ainsi », répondit Belle.
"ऐसा सोचना मूर्खता का कोई संकेत नहीं है," ब्यूटी ने जवाब दिया

« Mange donc, belle », dit le monstre
"तो खाओ, सुंदरी," राक्षस ने कहा

« essaie de t'amuser dans ton palais »
"अपने महल में खुद को खुश करने की कोशिश करो"

"tout ici est à toi"
"यहाँ सब कुछ तुम्हारा है"

"et je serais très mal à l'aise si tu n'étais pas heureux"
"और अगर आप खुश नहीं थे तो मैं बहुत असहज हो जाऊंगा"

« Vous êtes très obligeant », répondit Belle
"आप बहुत उपकृत हैं," सौंदर्य ने उत्तर दिया

« J'avoue que je suis heureux de votre gentillesse »
"मैं मानता हूं कि मैं आपकी दयालुता से प्रसन्न हूं"

« et quand je considère votre gentillesse, je remarque à peine vos difformités »
"और जब मैं आपकी दयालुता पर विचार करता हूं, तो मैं शायद ही आपकी विकृतियों को नोटिस करता हूं"

« Oui, oui, dit la bête, mon cœur est bon.
"हाँ, हाँ," जानवर ने कहा, "मेरा दिल अच्छा है

"mais même si je suis bon, je suis toujours un monstre"
"हालांकि मैं अच्छा हूं, मैं अभी भी एक राक्षस हूं।

« Il y a beaucoup d'hommes qui méritent ce nom plus que toi »
"ऐसे कई पुरुष हैं जो आपसे ज्यादा उस नाम के लायक हैं।

"et je te préfère tel que tu es"

"और मैं आपको वैसे ही पसंद करता हूं जैसे आप हैं"
"et je te préfère à ceux qui cachent un cœur ingrat"
"और मैं आपको उन लोगों से अधिक पसंद करता हूं जो एक कृतघ्न दिल को छिपाते हैं।"
"Si seulement j'avais un peu de bon sens", répondit la bête
"काश मुझे कुछ समझ होती," जानवर ने जवाब दिया
"Si j'avais du bon sens, je vous ferais un beau compliment pour vous remercier"
"अगर मुझे समझ में आता तो मैं आपको धन्यवाद देने के लिए एक अच्छी तारीफ करता"
"mais je suis si ennuyeux"
"लेकिन मैं बहुत सुस्त हूँ"
« Je peux seulement dire que je vous suis très reconnaissant »
"मैं केवल इतना कह सकता हूं कि मैं आपका बहुत आभारी हूं"
Belle a mangé un copieux souper
सुंदरता ने खाया दिल का खाना
et elle avait presque vaincu sa peur du monstre
और उसने राक्षस के अपने भय पर लगभग विजय प्राप्त कर ली थी
mais elle a voulu s'évanouir lorsque la bête lui a posé la question suivante
लेकिन जब जानवर ने उससे अगला सवाल पूछा तो वह बेहोश हो जाना चाहती थी
"Belle, veux-tu être ma femme ?"
"सुंदरी, क्या तुम मेरी पत्नी बनोगी?
elle a mis du temps avant de pouvoir répondre
जवाब देने से पहले उसने कुछ समय लिया
parce qu'elle avait peur de le mettre en colère
क्योंकि वह उसे गुस्सा दिलाने से डरती थी
Mais finalement elle dit "non, bête"

अंत में, हालांकि, उसने कहा "नहीं, जानवर"
immédiatement le pauvre monstre siffla très effroyablement
तुरंत गरीब राक्षस बहुत भयावह रूप से फुफकार उठा
et tout le palais résonna
और पूरा महल गूंज उठा
mais Belle se remit bientôt de sa frayeur
लेकिन ब्यूटी जल्द ही अपने डर से उबर गई
parce que la bête parla encore d'une voix lugubre
क्योंकि बीस्ट ने फिर से शोकाकुल आवाज में बात की
"Alors adieu, Belle"
"फिर अलविदा, सौंदर्य"
et il ne se retournait que de temps en temps
और वह केवल अब और फिर वापस कर दिया
de la regarder alors qu'il sortait
बाहर जाते हुए उसे देखने के लिए
maintenant Belle était à nouveau seule
अब ब्यूटी फिर से अकेली थी
elle ressentait beaucoup de compassion
उसे बहुत करुणा महसूस हुई
"Hélas, c'est mille fois dommage"
"काश, यह एक हजार दया है"
"tout ce qui est si bon ne devrait pas être si laid"
"कुछ भी इतना अच्छा स्वभाव इतना बदसूरत नहीं होना चाहिए"
Belle a passé trois mois très heureuse dans le palais
सुंदरी ने महल में तीन महीने बहुत संतोष से बिताए
chaque soir la bête lui rendait visite
हर शाम जानवर उसे एक यात्रा का भुगतान किया
et ils ont parlé pendant le dîner
और वे रात के खाने के दौरान बात करते थे
ils ont parlé avec bon sens

उन्होंने सामान्य ज्ञान के साथ बात की
mais ils ne parlaient pas avec ce que les gens appellent de l'esprit
लेकिन उन्होंने उस बात के साथ बात नहीं की जिसे लोग गवाह कहते हैं
Belle a toujours découvert un caractère précieux dans la bête
सौंदर्य ने हमेशा जानवर में कुछ मूल्यवान चरित्र की खोज की
et elle s'était habituée à sa difformité
और उसे उसकी विकृति की आदत हो गई थी
elle ne redoutait plus le moment de sa visite
वह अब अपनी यात्रा के समय से नहीं डरती थी
maintenant elle regardait souvent sa montre
अब वह अक्सर अपनी घड़ी की ओर देखती थी
et elle ne pouvait pas attendre qu'il soit neuf heures
और वह नौ बजे होने का इंतजार नहीं कर सकती थी
car la bête ne manquait jamais de venir à cette heure-là
क्योंकि जानवर उस समय आने से कभी नहीं चूका
il n'y avait qu'une seule chose qui concernait Belle
केवल एक चीज थी जो सौंदर्य से संबंधित थी
chaque soir avant d'aller au lit, la bête lui posait la même question
हर रात बिस्तर पर जाने से पहले जानवर उससे एक ही सवाल पूछता था
le monstre lui a demandé si elle voulait être sa femme
राक्षस ने उससे पूछा कि क्या वह उसकी पत्नी होगी
un jour elle lui dit : "bête, tu me mets très mal à l'aise"
एक दिन उसने उससे कहा, "जानवर, तुम मुझे बहुत असहज करते हो।
« J'aimerais pouvoir consentir à t'épouser »
"काश मैं तुमसे शादी करने के लिए सहमति दे पाता"
"mais je suis trop sincère pour te faire croire que je

t'épouserais"
"लेकिन मैं आपको विश्वास दिलाने के लिए बहुत ईमानदार हूं कि मैं आपसे शादी करूंगा"
"Notre mariage n'aura jamais lieu"
"हमारी शादी कभी नहीं होगी"
« Je te verrai toujours comme un ami »
"मैं आपको हमेशा एक दोस्त के रूप में देखूंगा"
"S'il vous plaît, essayez d'être satisfait de cela"
"कृपया इससे संतुष्ट होने का प्रयास करें"
« Je dois me contenter de cela », dit la bête
"मुझे इससे संतुष्ट होना चाहिए," जानवर ने कहा
« Je connais mon propre malheur »
"मैं अपने दुर्भाग्य को जानता हूं"
"mais je t'aime avec la plus tendre affection"
"लेकिन मैं आपको सबसे कोमल स्नेह के साथ प्यार करता हूं"
« Cependant, je devrais me considérer comme heureux »
"हालांकि, मुझे खुद को खुश समझना चाहिए"
"et je serais heureux que tu restes ici"
"और मुझे खुश होना चाहिए कि आप यहाँ रहेंगे"
"promets-moi de ne jamais me quitter"
"वादा करो कि मैं कभी मुझे छोड़कर नहीं जाऊंगा"
Belle rougit à ces mots
इन शब्दों पर ब्यूटी शरमा गई
Un jour, Belle se regardait dans son miroir
एक दिन ब्यूटी अपने आईने में देख रही थी
son père s'était inquiété à mort pour elle
उसके पिता ने खुद को उसके लिए बीमार कर दिया था
elle avait plus que jamais envie de le revoir
वह उसे फिर से पहले से कहीं ज्यादा देखने के लिए तरस रही थी
« Je pourrais te promettre de ne jamais te quitter

complètement »
"मैं वादा करता हूँ कि मैं तुम्हें कभी भी पूरी तरह से नहीं छोड़ूँगा ।
"mais j'ai tellement envie de voir mon père"
"लेकिन मुझे अपने पिता को देखने की बहुत इच्छा है"
« Je serais terriblement contrarié si tu disais non »
"अगर आप नहीं कहते हैं तो मैं असंभव रूप से परेशान होऊंगा"
« Je préfère mourir moi-même », dit le monstre
"मैं खुद मर गया था," राक्षस ने कहा
« Je préférerais mourir plutôt que de te mettre mal à l'aise »
"मैं आपको बेचैनी महसूस कराने के बजाय मरना पसंद करूंगा"
« Je t'enverrai vers ton père »
"मैं तुम्हें तुम्हारे पिता के पास भेजूँगा"
"tu resteras avec lui"
"तुम उसके साथ रहोगे"
"et cette malheureuse bête mourra de chagrin à la place"
"और यह दुर्भाग्यपूर्ण जानवर इसके बजाय दुःख से मर जाएगा"
« Non », dit Belle en pleurant
"नहीं," ब्यूटी ने रोते हुए कहा
"Je t'aime trop pour être la cause de ta mort"
"मैं तुमसे इतना प्यार करता हूँ कि तुम्हारी मौत का कारण बन सकता हूँ ।
"Je te promets de revenir dans une semaine"
"मैं आपको एक सप्ताह में लौटने का वादा करता हूं"
« Tu m'as montré que mes sœurs sont mariées »
"आपने मुझे दिखाया है कि मेरी बहनें विवाहित हैं"
« et mes frères sont partis à l'armée »

"और मेरे भाई सेना में गए हैं"
« laisse-moi rester une semaine avec mon père, car il est seul »
"मुझे अपने पिता के साथ एक सप्ताह रहने दो, क्योंकि वह अकेला है"
« Tu seras là demain matin », dit la bête
"आप कल सुबह वहां होंगे," जानवर ने कहा
"mais souviens-toi de ta promesse"
"लेकिन अपना वादा याद रखो"
« Il vous suffit de poser votre bague sur une table avant d'aller vous coucher »
"बिस्तर पर जाने से पहले आपको केवल अपनी अंगूठी एक मेज पर रखने की आवश्यकता है"
"et alors tu seras ramené avant le matin"
"और फिर तुम्हें सुबह होने से पहले वापस लाया जाएगा"
« Adieu chère Belle », soupira la bête
"अलविदा प्रिय सौंदर्य," जानवर ने आह भरी
Belle s'est couchée très triste cette nuit-là
उस रात ब्यूटी बहुत उदास होकर सो गई
parce qu'elle ne voulait pas voir la bête si inquiète
क्योंकि वह बीस्ट को इतना चिंतित नहीं देखना चाहती थी
le lendemain matin, elle se retrouva chez son père
अगली सुबह उसने खुद को अपने पिता के घर पर पाया
elle a sonné une petite cloche à côté de son lit
उसने अपने बिस्तर के पास एक छोटी सी घंटी बजाई
et la servante poussa un grand cri
और दासी ने एक जोर की चीख दी
et son père a couru à l'étage
और उसके पिता ऊपर भाग गए
il pensait qu'il allait mourir de joie
उसे लगा कि वह खुशी से मरने वाला है

il l'a tenue dans ses bras pendant un quart d'heure
उसने उसे एक घंटे के लिए अपनी बाहों में रखा
Finalement, les premières salutations étaient terminées
अंततः पहला अभिवादन समाप्त हो गया
Belle a commencé à penser à sortir du lit
सुंदरता बिस्तर से उठने के बारे में सोचने लगी
mais elle s'est rendu compte qu'elle n'avait apporté aucun vêtement
लेकिन उसे एहसास हुआ कि वह कोई कपड़े नहीं लाई थी
mais la servante lui a dit qu'elle avait trouvé une boîte
लेकिन नौकरानी ने उसे बताया कि उसे एक बॉक्स मिला है
le grand coffre était plein de robes et de robes
बड़ा ट्रंक गाउन और कपड़े से भरा था
chaque robe était couverte d'or et de diamants
प्रत्येक गाउन सोने और हीरे से ढका हुआ था
La Belle a remercié la Bête pour ses bons soins
ब्यूटी ने बीस्ट को उसकी तरह की देखभाल के लिए धन्यवाद दिया
et elle a pris l'une des robes les plus simples
और उसने सबसे सादे कपड़े में से एक लिया
elle avait l'intention de donner les autres robes à ses sœurs
वह अपनी बहनों को अन्य कपड़े देने का इरादा रखती थी
mais à cette pensée le coffre de vêtements disparut
लेकिन यह सोचकर कपड़ों का संदूक गायब हो गया
la bête avait insisté sur le fait que les vêtements étaient pour elle seulement
बीस्ट ने जोर देकर कहा था कि कपड़े केवल उसके लिए थे
son père lui a dit que c'était le cas
उसके पिता ने उसे बताया कि यह मामला था
et aussitôt le coffre de vêtements est revenu
और तुरंत कपड़ों का ट्रंक फिर से वापस आ गया

Belle s'est habillée avec ses nouveaux vêtements
ब्यूटी ने अपने नए कपड़े पहने
et pendant ce temps les servantes allèrent chercher ses sœurs
और इस बीच नौकरानियां अपनी बहनों को खोजने गईं
ses deux sœurs étaient avec leurs maris
उसकी दोनों बहनें अपने पतियों के साथ थीं
mais ses deux sœurs étaient très malheureuses
लेकिन उसकी दोनों बहनें बहुत दुखी थीं
sa sœur aînée avait épousé un très beau gentleman
उसकी सबसे बड़ी बहन ने एक बहुत ही सुंदर सज्जन से शादी की थी
mais il était tellement amoureux de lui-même qu'il négligeait sa femme
लेकिन वह खुद से इतना प्यार करता था कि उसने अपनी पत्नी की उपेक्षा की
sa deuxième sœur avait épousé un homme spirituel
उसकी दूसरी बहन ने एक मजाकिया आदमी से शादी की थी
mais il a utilisé son esprit pour tourmenter les gens
लेकिन उसने लोगों को पीड़ा देने के लिए अपनी बुद्धि का इस्तेमाल किया
et il tourmentait surtout sa femme
और उसने अपनी पत्नी को सबसे ज्यादा सताया
Les sœurs de Belle l'ont vue habillée comme une princesse
ब्यूटी की बहनों ने उसे राजकुमारी की तरह कपड़े पहने देखा
et ils furent écœurés d'envie
और वे ईर्ष्या से बीमार थे
maintenant elle était plus belle que jamais
अब वो पहले से भी ज्यादा खूबसूरत हो चुकी थी
son comportement affectueux n'a pas pu étouffer leur jalousie
उसका स्नेही व्यवहार उनकी ईर्ष्या को दबा नहीं सका

elle leur a dit combien elle était heureuse avec la bête
उसने उन्हें बताया कि वह जानवर के साथ कितनी खुश थी
et leur jalousie était prête à éclater
और उनकी ईर्ष्या फूटने को तैयार थी
Ils descendirent dans le jardin pour pleurer leur malheur
वे अपने दुर्भाग्य के बारे में रोने के लिए बगीचे में चले गए
« En quoi cette petite créature est-elle meilleure que nous ? »
"यह छोटा प्राणी हमसे किस तरह बेहतर है?"
« Pourquoi devrait-elle être tellement plus heureuse ? »
"उसे इतना खुश क्यों होना चाहिए?"
« Sœur », dit la sœur aînée
"बहन," बड़ी बहन ने कहा
"une pensée vient de me traverser l'esprit"
"एक विचार ने मेरे दिमाग को मारा"
« Essayons de la garder ici plus d'une semaine »
"आइए हम उसे एक सप्ताह से अधिक समय तक यहां रखने की कोशिश करें"
"Peut-être que cela fera enrager ce monstre idiot"
"शायद यह मूर्ख राक्षस को क्रोधित करेगा"
« parce qu'elle aurait manqué à sa parole »
"क्योंकि उसने अपना शब्द तोड़ दिया होगा"
"et alors il pourrait la dévorer"
"और फिर वह उसे खा सकता है"
"C'est une excellente idée", répondit l'autre sœur
"यह एक अच्छा विचार है," दूसरी बहन ने उत्तर दिया
« Nous devons lui montrer autant de gentillesse que possible »
"हमें उसे जितना संभव हो उतना दया दिखानी चाहिए"
les sœurs en ont fait leur résolution
बहनों ने इसे अपना संकल्प बनाया
et ils se sont comportés très affectueusement envers leur

sœur
और उन्होंने अपनी बहन के साथ बहुत स्नेह से व्यवहार किया
pauvre Belle pleurait de joie à cause de toute leur gentillesse
बेचारी सुंदरी अपनी सारी दयालुता से खुशी के मारे रो पड़ी
quand la semaine fut expirée, ils pleurèrent et s'arrachèrent les cheveux
जब सप्ताह समाप्त हो गया, तो वे रोए और अपने बाल फाड़ दिए
ils semblaient si désolés de se séparer d'elle
वे उसके साथ भाग लेने के लिए बहुत खेद महसूस कर रहे थे
et Belle a promis de rester une semaine de plus
और ब्यूटी ने एक सप्ताह अधिक रहने का वादा किया
Pendant ce temps, Belle ne pouvait s'empêcher de réfléchir sur elle-même
इस बीच, सौंदर्य खुद को प्रतिबिंबित करने में मदद नहीं कर सका
elle s'inquiétait de ce qu'elle faisait à la pauvre bête
वह चिंतित थी कि वह गरीब जानवर के साथ क्या कर रही थी
elle sait qu'elle l'aimait sincèrement
वह जानती है कि वह ईमानदारी से उससे प्यार करती थी
et elle avait vraiment envie de le revoir
और वह वास्तव में उसे फिर से देखने के लिए तरस रही थी
la dixième nuit qu'elle a passée chez son père aussi
दसवीं रात उसने अपने पिता के घर भी बिताई
elle a rêvé qu'elle était dans le jardin du palais
उसने सपना देखा कि वह महल के बगीचे में थी
et elle rêva qu'elle voyait la bête étendue sur l'herbe
और उसने सपना देखा कि उसने जानवर को घास पर बढ़ाया हुआ देखा
il semblait lui faire des reproches d'une voix mourante

वह एक मरणासन्न आवाज में उसे फटकार लग रहा था
et il l'accusa d'ingratitude
और उसने उस पर कृतघ्नता का आरोप लगाया
Belle s'est réveillée de son sommeil
सुंदरता नींद से जाग गई
et elle a fondu en larmes
और वह फूट-फूटकर रोने लगी
« Ne suis-je pas très méchant ? »
"क्या मैं बहुत दुष्ट नहीं हूँ?
« N'était-ce pas cruel de ma part d'agir si méchamment envers la bête ? »
"क्या जानवर के प्रति इतना निर्दयी व्यवहार करना मेरे लिए क्रूर नहीं था?"
"la bête a tout fait pour me faire plaisir"
"जानवर ने मुझे खुश करने के लिए सब कुछ किया"
« Est-ce sa faute s'il est si laid ? »
"क्या यह उसकी गलती है कि वह इतना बदसूरत है?
« Est-ce sa faute s'il a si peu d'esprit ? »
"क्या यह उसकी गलती है कि उसके पास इतनी कम बुद्धि है?"
« Il est gentil et bon, et cela suffit »
"वह दयालु और भला है, और यही काफी है"
« Pourquoi ai-je refusé de l'épouser ? »
"मैंने उससे शादी करने से इनकार क्यों किया?
« Je devrais être heureux avec le monstre »
"मुझे राक्षस के साथ खुश होना चाहिए"
« regarde les maris de mes sœurs »
"मेरी बहनों के पतियों को देखो"
« Ni l'esprit, ni la beauté ne les rendent bons »
"न तो विनोदी, न ही सुंदर होना उन्हें अच्छा बनाता है"
« aucun de leurs maris ne les rend heureuses »

"उनके पतियों में से कोई भी उन्हें खुश नहीं करता है"
« mais la vertu, la douceur de caractère et la patience »
"लेकिन सदाचार, स्वभाव की मिठास और धैर्य"
"ces choses rendent une femme heureuse"
"ये चीजें एक महिला को खुश करती हैं"
"et la bête a toutes ces qualités précieuses"
"और जानवर के पास ये सभी मूल्यवान गुण हैं"
"c'est vrai, je ne ressens pas de tendresse et d'affection pour lui"
"यह सच है; मैं उसके लिए स्नेह की कोमलता महसूस नहीं करता "
"mais je trouve que j'éprouve la plus grande gratitude envers lui"
"लेकिन मुझे लगता है कि मेरे पास उसके लिए सबसे अधिक कृतज्ञता है"
"et j'ai la plus haute estime pour lui"
"और मेरे मन में उनका सर्वोच्च सम्मान है"
"et il est mon meilleur ami"
"और वह मेरा सबसे अच्छा दोस्त है"
« Je ne le rendrai pas malheureux »
"मैं उसे दुखी नहीं करूँगा"
« Si j'étais si ingrat, je ne me le pardonnerais jamais »
"अगर मैं इतना कृतघ्न होता तो मैं खुद को कभी माफ नहीं करता।
Belle a posé sa bague sur la table
ब्यूटी ने अपनी अंगूठी टेबल पर रख दी
et elle est retournée au lit
और वह फिर से बिस्तर पर चली गई
à peine était-elle au lit qu'elle s'endormit
सोने से पहले वह बिस्तर पर थी
elle s'est réveillée à nouveau le lendemain matin

अगली सुबह वह फिर से उठा
et elle était ravie de se retrouver dans le palais de la bête
और वह खुद को जानवर के महल में पाकर बहुत खुश हुई
elle a mis une de ses plus belles robes pour lui faire plaisir
उसने उसे खुश करने के लिए अपनी सबसे अच्छी पोशाक पहन ली

et elle attendait patiemment le soir
और वह धैर्यपूर्वक शाम का इंतजार करने लगी
enfin l' heure tant souhaitée est arrivée
अंत में वांछित घड़ी आ गई
L'horloge a sonné neuf heures, mais aucune bête n'est apparue
घड़ी में नौ बज गए, फिर भी कोई जानवर दिखाई नहीं दिया
La belle craignit alors d'avoir été la cause de sa mort
ब्यूटी को तब डर था कि वह उसकी मौत का कारण थी
elle a couru en pleurant dans tout le palais
वह महल के चारों ओर रोती हुई दौड़ी
après l'avoir cherché partout, elle se souvint de son rêve
हर जगह उसकी तलाश करने के बाद, उसे अपना सपना याद आया
et elle a couru vers le canal dans le jardin
और वह बगीचे में नहर की ओर भागी
là elle a trouvé la pauvre bête étendue
वहाँ उसने गरीब जानवर को फैला हुआ पाया
et elle était sûre de l'avoir tué
और उसे यकीन था कि उसने उसे मार डाला था
elle se jeta sur lui sans aucune crainte
उसने बिना किसी भय के खुद को उस पर फेंक दिया
son cœur battait encore
उसका दिल अभी भी धड़क रहा था
elle est allée chercher de l'eau au canal

उसने नहर से थोड़ा पानी लाया
et elle versa l'eau sur sa tête
और उसने उसके सिर पर पानी डाला
la bête ouvrit les yeux et parla à Belle
जानवर ने अपनी आँखें खोलीं और ब्यूटी से बात की
« Tu as oublié ta promesse »
'आप अपना वादा भूल गए'
« J'étais tellement navrée de t'avoir perdu »
"मैं तुम्हें खोने के लिए बहुत दिल टूट गया था"
« J'ai décidé de me laisser mourir de faim »
"मैंने खुद को भूखा रखने का संकल्प लिया"
"mais j'ai le bonheur de te revoir une fois de plus"
"लेकिन मुझे आपको एक बार फिर देखने की खुशी है"
"j'ai donc le plaisir de mourir satisfait"
"इसलिए मुझे संतुष्ट मरने की खुशी है"
« Non, chère bête », dit Belle, « tu ne dois pas mourir »
"नहीं, प्रिय जानवर," सौंदर्य ने कहा, "आपको मरना नहीं चाहिए।
« Vis pour être mon mari »
"मेरे पति बनने के लिए जीना"
"à partir de maintenant je te donne ma main"
"इस क्षण से मैं तुम्हें अपना हाथ देता हूं"
"et je jure de n'être que le tien"
"और मैं तुम्हारी कसम खाता हूँ कि मैं कोई नहीं बल्कि तुम्हारा हूँ"
« Hélas ! Je pensais n'avoir que de l'amitié pour toi »
"काश! मुझे लगा कि मेरे पास आपके लिए केवल दोस्ती है "
« mais la douleur que je ressens maintenant m'en convainc » ;
"लेकिन अब मुझे जो दुःख महसूस हो रहा है, वह मुझे

आश्वस्त करता है;"
"Je ne peux pas vivre sans toi"
"मैं तुम्हारे बिना नहीं रह सकता"
Belle avait à peine prononcé ces mots lorsqu'elle vit une lumière
सौंदर्य दुर्लभ ने इन शब्दों को कहा था जब उसने एक प्रकाश देखा था

le palais scintillait de lumière
महल रोशनी से जगमगा रहा था

des feux d'artifice ont illuminé le ciel
आसमान में आतिशबाजी जगमगा रही थी

et l'air rempli de musique
और हवा संगीत से भर गई

tout annonçait un grand événement
सब कुछ कुछ महान घटना की सूचना दी

mais rien ne pouvait retenir son attention
लेकिन कुछ भी उसका ध्यान आकर्षित नहीं कर सका

elle s'est tournée vers sa chère bête
वह अपने प्रिय जानवर की ओर मुड़ी

la bête pour laquelle elle tremblait de peur
वह जानवर जिसके लिए वह डर से कांपती थी

mais sa surprise fut grande face à ce qu'elle vit !
लेकिन उसने जो देखा उस पर उसका आश्चर्य बहुत अच्छा था!

la bête avait disparu
जानवर गायब हो गया था

Au lieu de cela, elle a vu le plus beau prince
इसके बजाय उसने सबसे प्यारे राजकुमार को देखा

elle avait mis fin au sort
उसने जादू का अंत कर दिया था

un sort sous lequel il ressemblait à une bête
एक जादू जिसके तहत वह एक जानवर जैसा दिखता था

ce prince était digne de toute son attention
यह राजकुमार उसके सभी ध्यान के योग्य था
mais elle ne pouvait s'empêcher de demander où était la bête
लेकिन वह मदद नहीं कर सकी लेकिन पूछा कि जानवर कहाँ था
« Vous le voyez à vos pieds », dit le prince
"आप उसे अपने पैरों पर देखते हैं," राजकुमार ने कहा
« Une méchante fée m'avait condamné »
"एक दुष्ट परी ने मुझे दोषी ठहराया था"
« Je devais rester dans cette forme jusqu'à ce qu'une belle princesse accepte de m'épouser »
"मुझे उस आकार में रहना था जब तक कि एक सुंदर राजकुमारी मुझसे शादी करने के लिए सहमत नहीं हो जाती"
"la fée a caché ma compréhension"
"परी ने मेरी समझ छिपाई"
« tu étais le seul assez généreux pour être charmé par la bonté de mon caractère »
"आप केवल एक ही उदार थे जो मेरे स्वभाव की अच्छाई से मंत्रमुग्ध हो गए थे।
Belle était agréablement surprise
सुंदरता खुशी से हैरान थी
et elle donna sa main au charmant prince
और उसने आकर्षक राजकुमार को अपना हाथ दिया
ils sont allés ensemble au château
वे महल में एक साथ चले गए
et Belle fut ravie de retrouver son père au château
और ब्यूटी अपने पिता को महल में पाकर बहुत खुश हुई
et toute sa famille était là aussi
उसका पूरा परिवार भी वहीं था
même la belle dame qui lui était apparue dans son rêve était là

यहां तक कि उसके सपने में दिखाई देने वाली खूबसूरत महिला भी वहां थी

"Belle", dit la dame du rêve

"सुंदरता," सपने से महिला ने कहा

« viens et reçois ta récompense »

"आओ और अपना प्रतिफल ग्रहण करो"

« Vous avez préféré la vertu à l'esprit ou à l'apparence »

"आपने बुद्धि या रूप पर गुण को प्राथमिकता दी है"

"et tu mérites quelqu'un chez qui ces qualités sont réunies"

"और आप किसी ऐसे व्यक्ति के लायक हैं जिसमें ये गुण एकजुट हैं"

"tu vas être une grande reine"

"आप एक महान रानी बनने जा रहे हैं"

« J'espère que le trône ne diminuera pas votre vertu »

"मुझे आशा है कि सिंहासन आपके पुण्य को कम नहीं करेगा"

puis la fée se tourna vers les deux sœurs

फिर परी दोनों बहनों की ओर मुड़ी

« J'ai vu à l'intérieur de vos cœurs »

"मैंने तुम्हारे दिल के अंदर देखा है"

"et je connais toute la méchanceté que contiennent vos cœurs"

"और मैं जानता हूँ कि तुम्हारे मन में कितनी दुर्भावना है"

« Vous deux deviendrez des statues »

"तुम दोनों मूर्ति बन जाओगे"

"mais vous garderez votre esprit"

"लेकिन आप अपना दिमाग रखेंगे"

« Tu te tiendras aux portes du palais de ta sœur »

"तुम अपनी बहन के महल के द्वार पर खड़े रहोगे"

"Le bonheur de ta sœur sera ta punition"

"तेरी बहन की ख़ुशी तेरी सज़ा होगी"

« vous ne pourrez pas revenir à vos anciens états »

"आप अपने पूर्व राज्यों में वापस नहीं जा पाएंगे"
« à moins que vous n'admettiez tous les deux vos fautes »
"जब तक, आप दोनों अपनी गलतियों को स्वीकार नहीं करते"
"mais je prévois que vous resterez toujours des statues"
"लेकिन मुझे लगता है कि आप हमेशा मूर्तियां ही रहेंगे"
« L'orgueil, la colère, la gourmandise et l'oisiveté sont parfois vaincus »
"अभिमान, क्रोध, लोलुपता और आलस्य पर कभी-कभी विजय प्राप्त की जाती है"
" mais la conversion des esprits envieux et malveillants sont des miracles "
"लेकिन ईर्ष्यालु और दुर्भावनापूर्ण दिमाग का परिवर्तन चमत्कार है"
immédiatement la fée donna un coup de baguette
तुरंत परी ने अपनी छड़ी से एक झटका दिया
et en un instant tous ceux qui étaient dans la salle furent transportés
और एक पल में हॉल में जो कुछ भी था उसे ले जाया गया
ils étaient entrés dans les domaines du prince
वे राजकुमार के प्रभुत्व में चले गए थे
les sujets du prince l'ont reçu avec joie
राजकुमार की प्रजा ने खुशी से उसका स्वागत किया
le prêtre a épousé Belle et la bête
पुजारी ने ब्यूटी एंड द बीस्ट से शादी की
et il a vécu avec elle de nombreuses années
और वह उसके साथ कई वर्षों तक रहा
et leur bonheur était complet
और उनकी खुशी पूरी हो गई
parce que leur bonheur était fondé sur la vertu
क्योंकि उनकी खुशी पुण्य पर आधारित थी
La fin

समाप्त

www.ingramcontent.com/pod-product-compliance
Lightning Source LLC
Chambersburg PA
CBHW011551070526
44585CB00023B/2541

9781805720461